BEI GRIN MACHT SICH IHR WISSEN BEZAHLT

- Wir veröffentlichen Ihre Hausarbeit, Bachelor- und Masterarbeit

- Ihr eigenes eBook und Buch - weltweit in allen wichtigen Shops

- Verdienen Sie an jedem Verkauf

Jetzt bei www.GRIN.com hochladen und kostenlos publizieren

Bibliografische Information der Deutschen Nationalbibliothek:

Die Deutsche Bibliothek verzeichnet diese Publikation in der Deutschen Nationalbibliografie; detaillierte bibliografische Daten sind im Internet über http://dnb.d-nb.de/ abrufbar.

Dieses Werk sowie alle darin enthaltenen einzelnen Beiträge und Abbildungen sind urheberrechtlich geschützt. Jede Verwertung, die nicht ausdrücklich vom Urheberrechtsschutz zugelassen ist, bedarf der vorherigen Zustimmung des Verlages. Das gilt insbesondere für Vervielfältigungen, Bearbeitungen, Übersetzungen, Mikroverfilmungen, Auswertungen durch Datenbanken und für die Einspeicherung und Verarbeitung in elektronische Systeme. Alle Rechte, auch die des auszugsweisen Nachdrucks, der fotomechanischen Wiedergabe (einschließlich Mikrokopie) sowie der Auswertung durch Datenbanken oder ähnliche Einrichtungen, vorbehalten.

Impressum:

Copyright © 2018 GRIN Verlag
Druck und Bindung: Books on Demand GmbH, Norderstedt Germany
ISBN: 9783668998421

Dieses Buch bei GRIN:

https://www.grin.com/document/495622

Michael Drescher

Kunst zwischen Evolution und Idealismus

Ist ein Kompromiss der Naturwissenschaft und der traditionellen Ästhetik möglich?

GRIN Verlag

GRIN - Your knowledge has value

Der GRIN Verlag publiziert seit 1998 wissenschaftliche Arbeiten von Studenten, Hochschullehrern und anderen Akademikern als eBook und gedrucktes Buch. Die Verlagswebsite www.grin.com ist die ideale Plattform zur Veröffentlichung von Hausarbeiten, Abschlussarbeiten, wissenschaftlichen Aufsätzen, Dissertationen und Fachbüchern.

Besuchen Sie uns im Internet:

http://www.grin.com/

http://www.facebook.com/grincom

http://www.twitter.com/grin_com

Kunst zwischen Evolution und Idealismus

Bachelorarbeit

im Studiengang Philosophie
in der Fakultät Geistes- und
Kulturwissenschaften
der Otto-Friedrich-Universität Bamberg

Verfasser: Michael Drescher
Studiengang: Bachelor Philosophie und Geschichte
8. Fach- und Hochschulsemester

Datum der Abgabe: 23.08.2018

Gliederung

1. Einleitung — 1

2. Definitionen von Kunst — 3
   2.1 Die traditionell philosophische (idealistische) Definition — 3
   2.2 Empfindung und Erkenntnis — 4
   2.3 Die evolutionäre Herangehensweise an Kunst — 6
   2.4 „Was", „warum" oder „wozu"? — 8

3. Das „Wozu" der Kunst — 10
   3.1 Ästhetik a priori — 10
   3.2 Kunst und biologische Adaption — 12
   3.3 Kunst im Tierreich — 13
   3.4 Attraktivität oder Ästhetik? — 15
   3.5 Evolution und Kultur — 15
   3.6 „Making special" und kultureller Enaktivismus — 17
   3.7 Funktionalität in der menschliche Kunst — 20
   3.8 Evolutionäre Psychologie — 21

4. Kunst und Exaptation — 23
   4.1 Kritik an den evolutionären Theorien — 23
   4.2 Kunst als Epiphänomen — 24
   4.3 Kritik an der Spandrel-These — 26

5. Was die evolutionäre Ästhetik nicht leisten kann — 28
   5.1 Kunst und Emergenz — 28
   5.2 Kunst und Memetik — 29
   5.3 Schönheit als Wert — 30
   5.4 Die Grenzen der Wissenschaft — 32

6. Fazit — 33
7. Quellen — 35

1. Einleitung

Während Kunst im deutschen Idealismus als ein Produkt von rein geistigem Interesse verstanden wurde, änderte sich diese Auffassung spätestens seit der Evolutionstheorie von Charles Darwin, der sinnlichen Erklärungen ästhetischer Phänomene die Grundlage bietet. Gemeinsam ist den beiden Ansätzen, dass sie die Ästhetik als den Indikator für Kunst anerkennen. Auf der einen Seite Hegel, auf der anderen Darwin. Wenn dieser schreibt: „In the distant future, I see open fields for far more important researches. Psychology will be based on a new foundation, that of the necessary acquirement of each mental power and capacity by graduation. Light will be thrown on the origin of man and his history."[1], so ist seine Prophezeiung spätestens seit der Etablierung der „evolutionären Ästhetik" als wissenschaftliche Disziplin wahr geworden. Naturalistische Erklärungen laufen den traditionell geisteswissenschaftlichen und philosophischen Ansätzen in ihrer Vielheit aktuell den Rang ab. Nach der evolutionären Ethik und der evolutionären Erkenntnistheorie ist die neueste empirische Forschung daran interessiert, die Ästhetik für sich zu gewinnen. Für die Kunst bedeutet das, dass sie zum Spielball zwischen Evolution und Idealismus wird.

Evolutionäre Erklärungsansätze befassen sich mit der Kunst allerdings längst nicht mehr nur biologisch, sondern auch psychologisch, soziobiologisch und kulturell. Für das ideelle, also das geistige, philosophische Verständnis von Kunst (Martin Seel nennt es die „traditionelle Ästhetik"[2]) stellen evolutionäre Ansätze durch ihren Grundlegungsanspruch eine Gefahr im Sinne eines Verlusts sämtlicher Gültigkeit nicht sinnlicher Ansätze dar[3]. Diese Art von materiellem Nihilismus, die seit Nietzsche und dem Aufblühen der Wissenschaft aus den letzten Jahrhunderten entstanden ist, stellt die dualistische Philosophie des Abendlandes vor ein existentielles Problem. Hans Jonas schreibt dazu, dass „Der moderne Nihilismus, dem Nietzsche nachspürte, (dazu) nötigt, die Seinsfrage [auch von Kunst] im nachplatonischen Zeitalter neu zu stellen. Sie muß historisch den Gründen der nihilistischen Erfahrung nach-

---

[1] Darwin, Charles: Origin of Species. Fourth British edition 1866. Seite 576

[2] Seel, Martin: Vom Nutzen und Nachteil der evolutionären Ästhetik. In: Urmensch und Wissenschaften. Eine Bestandsaufnahme. B.Kleeberg; T.Walter; F. Crivellari (Hg.). Darmstadt 2005.

[3] ebenda, Seite 329:

„Dabei verfolgen sie (die Arbeiten zur evolutionären Ästhetik) die bisherige Ästhetik nicht lediglich ergänzen, sie möchten sie vom Kopf auf die Füße, nämlich erstmals auf eine wissenschaftliche Grundlage stellen."

fragen; sie muß ontologisch das Wesen menschlicher Freiheit im Verhältnis zur übrigen Lebenswelt, ja zur ganzen Natur zu bestimmen suchen."[4]. Diesem Ansatz wird in dieser Arbeit, mit Augenmerk auf die Kunst nachgegangen.

Dazu ist es nötig eine evolutionäre, funktionale und organische Kunstdefinition und -betrachtung zu diskutieren, genauso wie ein Blick auf die idealistische, absolute und geistige Herangehensweise der Philosophie an die Kunst. Denn eine Reduktion von Kunst auf die rein geistliche Kontemplation führt zu Weltfremdheit und einer Arroganz der Geisteswissenschaft, die sie sich in Zeiten des naturwissenschaftlichen Fortschritts nicht erlauben kann. Natürlich lässt sich nicht einfach von „der traditionellen" und „der evolutionären" Ästhetik reden. Theorien innerhalb dieser als Singular verwendeten Ansätze widersprechen und ergänzen sich teilweise, weshalb eine Differenzierung von Nöten ist. Um möglichst wissenschaftlich vorgehen zu können, müssen also nach einem Differenzierungs- und Definitionsversuch empirische Daten diskutiert werden, bevor eine transzendentale Kritik folgen kann. Ich werde mich also erst mit den evolutionären Theorien beschäftigen, bevor die Kritik an diesen folgen wird. Anschließend ist es möglich zu zeigen, welche Kunstphänomene die evolutionären Ansätze nicht klären können. Es ist außerdem nötig sich vorerst mit Definitionen von Kunst auseinander zu setzen, um ein allgemeines Verständnis der Sachlage zu entwickeln.

Ziel dieser Arbeit soll es sein, die Grenzen eines adaptionistischen und einem transzendentalen irreduzibilen Verständnis von Kunst aufzuzeigen. Das führt zu einer strikten Trennung der Begriffe „Attraktivität" und „Ästhetik", die unterschiedliche Dinge bezeichnen. Daran anknüpfend werden die Ansätze der evolutionären Kulturtheorie und der evolutionären Psychologie dargelegt, um zu untersuchen, ob ein Kompromiss der Naturwissenschaft und der traditionellen Ästhetik möglich ist. Die Diskussion um die Definitionen von Kunst wird sich annähernd kongruent zur übrigen Diskussion entwickeln. Um dies zu zeigen werde ich verschiedene Werke zu dem Thema „evolutionäre Ästhetik" in meine Argumentation mit einbeziehen.

---

[4] Jonas, Hans: Organismus und Freiheit. Göttingen 2011. Seite 310

2. Definitionen von Kunst

2.1 Die traditionell philosophische Definition

Kaum ein evolutionärer Ästhetiker hat sich bisher die Mühe gemacht, im Vorfeld seiner Arbeiten den Begriff „Kunst" zu definieren. Der Grund dafür wird sein, dass eine allgemein gültige Definition von Kunst zu liefern eine Aufgabe ist, die aufgrund der vielschichtigen Bedeutungen von Kunst sehr schwer ist. Dennoch sollte man versuchen, einen möglichst engen Begriff von Kunst zu entwickeln, bevor man sich mit dessen Herkunft beschäftigt. Dafür muss man sich in erster Linie fragen, was Kunst überhaupt ist.

Da das Schaffen von Definitionen im reflexiven Bereich Aufgabe der Philosophen ist, lohnt es sich, die Definitionsversuche der idealistischen Philosophie genauer zu betrachten. Anschließend können die thematisch begrenzten Einwände der evolutionären Ebene beleuchtet werden. Vorweg: Die Begriffe „ideell" und „geistig" werden als Produkt der metaphysischen Vernunft gebraucht, ihnen gegenüber stehen die Begriffe „biologisch" und „evolutionär", die in einem naturwissenschaftlichen Kontext verstanden werden sollen.

Kant schreibt über die Kunst, dass sie nur durch einen Akt der Freiheit und damit der Willkür entstehen kann. Das Werk der Bienen (ihre regelmäßig gebauten Waben) ist ein Produkt des Instinkts (und ihrer Natur), und somit keine Kunst[5]. Für Kant ist es also von Bedeutung, dass ein Kunstwerk mit der Intention verbunden ist, Kunst zu schaffen. Damit gäbe es keine Kunst von Vernunft unbegabten Wesen. Tiere und der Mensch in einer frühen Entwicklungsstufe können somit keine Kunst produziert haben. Die Geschichte der Kunst fängt somit bei der Höhlenmalerei an. Und tatsächlich: Skulpturen wie „der Löwenmensch" scheinen in erster Linie dazu gedient zu haben, sich vom Tier abzugrenzen. Durch das höhere Vermögen des Kunstschaffens distanziert sich der Mensch vom Tier und wird dadurch selbst zum höheren Wesen. Kunst ist im Gegensatz zu anderen Abgrenzungsmechanismen aber dennoch eine eigenständige Disziplin, die keinen klassischen „Fortschritt" im Sinne der Naturwissenschaften, der Technik oder den Handwerken verzeichnen kann. Kunst ist singulär und unvergleichbar. Somit ist Kunst von der Wissenschaft und dem Wissen zu trennen, da sie sich durch Geschicklichkeit auszeichnet. Kunst verhält sich laut Kant zu der Wissenschaft wie die Technik zur Theorie. Das Handwerk kann zwar künstlerisch ausdrücken, ist aber auf-

---

[5] Kant, Immanuel: Kritik der Urteilskraft. Philipp Reclam jun. (Hg.). Stuttgart 1963. §43

grund seines „zwangmäßigen Mechanismus" im Blick auf die reine Kunstherstellung zumindest kritisch zu betrachten.

Eine weitere Eigenart der Kunst ist die Verknüpfung mit dem Schönen, beziehungsweise dem Ästhetischen. Im Gegensatz zur Wissenschaft kann Kunst einem Geschmacksurteil zu Teil werden. Kant bemerkt auch hier folgerichtig, dass die Wissenschaft andere Ansprüche hat, wie etwa auch die Moral andere Ansprüche hat als die Wissenschaft oder Kunst. Damit wird das Herstellen von Kunst als eine Letztbegründung präsentiert: Man schafft Kunst, nicht weil sie gut oder wahr ist, sondern weil sie schön ist. Wie jede Handlung kann sie aber auch das Angenehme als Grund haben: „Das erste ist sie, wenn der Zweck derselben ist, daß die Lust die Vorstellungen als bloße *Empfindungen*, das zweite, daß sie dieselben als *Erkenntnisarten* begleite."[6].

2.2 Empfindung und Erkenntnis

Die Unterscheidung der Wahrnehmung eines Rezipienten in Empfindung und Erkenntnis kommt der Unterscheidung der Wahrnehmungsarten eines sinnlichen und eines geistigen Wesens gleich. Während die Empfindung von Kunst ein bloßes Genießen darstellt, ist Kunst als Erkenntnis (oder auch Kontemplation) eine sich selbst zweckmäßige tiefere Betrachtung eines Werkes. Zwar haben beide Wahrnehmungsarten das sinnliche Betrachten und Wohlempfinden gemein, die Art und der Grund der Betrachtung sind jedoch grundverschieden.

Wie bereits erwähnt, zeichnet sich ein Kunst*werk* durch Willkür und den Werkcharakter aus. Dennoch schreibt Kant, dass schöne Kunst immer den Anschein erwecken muss, trotz aller Willkürlichkeit ein Produkt der Natur zu sein. Deshalb ist das künstlerische Genie das Naturwesen, welches der Kunst durch die Natur ihre Regeln vermittelt.

Hegel wird konkreter wenn er über die Kunst schreibt. Für ihn steht das Kunstschöne über dem Naturschönen, weil es aus dem Geist geboren ist. Die Kunst sei „das Göttliche, die tiefsten Interessen des Menschen, die umfassendsten Wahrheiten des Geistes zum Bewusstsein zu bringen und auszusprechen. […] Diese Bestimmung hat die Kunst jedoch […] in der eigentümlichen Art, dass auch das Höchste sinnlich darstellt"[7]. Mit Hegel wird das Problem von Kunstdefinitionen deutlich. Kunst erzeugt in uns durch Kontemplation ein starkes Ge-

---

[6] Kant, Immanuel: Kritik der Urteilskraft. Philipp Reclam jun. (Hg.). Stuttgart 1963. §44

[7] Hegel, G.W.F: Werke in zwanzig Bänden. Band 13, Seite 21

fühl, und ist doch etwas rein sinnlich Wahrgenommenes und materiell Hergestelltes. Seiner Meinung nach kann das rein Ideelle durch die Kunst dargestellt werden, es ist aber dennoch an seine materielle, sinnlich wahrnehmbare Form gebunden. Hegel beantwortet auch die Frage, warum der Mensch das Absolute sinnlich darstellen will: „Der Mensch tut dies, um als freies Subjekt auch der Außenwelt ihre spröde Fremdheit zu nehmen und in der Gestalt der Dinge nur eine äußere Realität seiner selbst zu genießen"[8].

„Natürlich" und „sinnlich" fungieren auch bei Hegel als Antonyme von „Geist". Das Natürliche und Sinnliche ist dem Geistigen in der traditionellen Ästhetik also entgegengesetzt. Der Geist steht über dem Sinnlichen und in der Kunst versucht der Geist die natürlichen Ressourcen der empirischen Welt in geistige umzuwandeln. Denn die Aufgabe der sinnlich wahrgenommenen Kunst ist es, „die Wahrheit in Weise sinnlicher Gestaltung für das Bewusstsein hin(zu)stell(t)en und zwar in einer sinnlichen Gestaltung, welche in dieser Erscheinung selbst einen höheren tieferen Sinn und Bedeutung hat [...]"[9].

Wahrheit als ideeller Wert spielt für Hegel in der Kunstschönheit also auch eine Rolle, indem sie sich als Ausdruck des Absoluten präsentiert. Nach der Antike und dem Christentum ist Hegel außerdem der Meinung, die Kunst fiel in der Romantik einer Versinnlichung zum Opfer, sodass Kunst in einer immer unübersichtlicheren Welt bei der Wahrheitsfindung an seine Grenzen stößt. Stephanie Over sieht die darauf folgende wahrheitssuchende Institution bei der Wissenschaft[10]. In gewisser Weise trifft aus heutiger Sicht auch diese Prophezeiung zu: Die evolutionäre Ästhetik versucht der idealistischen Deutung, was und warum wir etwas als schön empfinden, mit dem Selbstverständnis einer philosophischen Reflexion den Rang abzulaufen, indem sie beanstandet die ganze Wahrheit zu sein. Was die Wissenschaft in ihrer empirischen Begrifflichkeit und die idealistische Philosophie in ihrer absoluten Welt jedoch beide nicht vollständig erklären können, ist das Spiel zwischen geistig und sinnlich, welches ein eindeutiges Merkmal von Kunst ist. Deshalb ist klar: „Die Kunst ist keine Vorstufe der Religion, Wissenschaft oder Philosophie. Sie bildet eine Dimension eigener Dignität, irreduzibel auf Kultus und Theorie"[11]. In diesem Sinne ist es eine wesentliche Eigenschaft von Kunst, sinnlich und geistig zu sein. Vergeistigt die Kunst zu stark, verliert sie

---

[8] Hegel, G.W.F: Werke in zwanzig Bänden. Band 13, Seite 51

[9] ebenda, Seite 140

[10] vgl. Wandschneider, Dieter: Das Geistige und das Sinnliche in der Kunst. Würzburg 2005. Seite 63

[11] ebenda, Seite 127

ihre „Natur" und damit auch ihren Werkcharakter. Wird sie zu sehr versinnlicht, verliert sie ihren Anspruch, das Ideelle, Absolute abzubilden und damit ihren Schönheits- und Wahrheitsanspruch.

Für die philosophische Definition von Kunst bliebt wohl abschließend zu sagen: „Dass Kunst Sinnliches zu vergeistigen und Geistiges zu versinnlichen versucht, macht ihren Wesenskern und zugleich Rätselcharakter aus"[12]. Dass es der Philosophie trotz Einschränkungen nicht zufriedenstellend gelingt, eine allgemeingültige Definition von Kunst zu erstellen, führte wahrscheinlich dazu, dass die evolutionären Theorien so einen Aufschwung bekamen, wie es in den letzten 20 Jahren der Fall war.

Während die idealistische Philosophie zwar der Kunst definitorisch eine gewisse Sinnlichkeit zuspricht, geht es der evolutionären Ästhetik als materialistische, empirische und reduktionistische Wissenschaft darum, das aufgezeigte „Absolute" in der Kunst auf sinnliche, angeborene Verhaltensmechanismen zu reduzieren. Das bedeutet, dass die evolutionäre Ästhetik dafür argumentiert, Kunst würde lediglich aus evolutionären Trieben heraus hergestellt - also um einen evolutionären Vorteil zu erzielen. Ergebnis einer radikalen evolutionären Sichtweise ist demnach, dass Kunst sinnlich hergestellt wird um sinnlich zu gefallen (man denke an die Biene aus Kants Beispiel). Eine geistige Reflexion von Kunst findet nicht statt. Es ist nötig, die Argumente und Definitionen der evolutionären Ästhetik einer näheren Betrachtung zu unterziehen, um herauszufinden, was diese leisten können und was nicht. Damit wird es möglich, den Einfluss der Evolution auf die Kunst zu diskutieren und die Grenzen der evolutionären Wissenschaften aufzuzeigen.

2.3 Die evolutionäre Herangehensweise an Kunst

Darwin begründet die evolutionäre Ästhetik, indem er in seinem Buch „Descent of Man" Ästhetik im Tierreich diskutiert. Daraus entwickelte sich die soziobiologische Perspektive, Ästhetik würde Stärke demonstrieren, weshalb sich ein Gefühl dafür entwickelt hat. Der Vergleich mit dem Tierreich liegt nahe, da wir als biologische Lebewesen in Sachen Verhalten und Kognition viele Muster aus dem Tierreich, also einer vorbewussten Ära des Menschen übernommen haben. In der idealistischen Kunstdefinition hat jeder vernunftbegabte

---

[12] Wandschneider, Dieter: Das Geistige und das Sinnliche in der Kunst. Würzburg 2005. Seite 8

Mensch einen Zugang zu einer gewissen Objektivität *was* schön ist[13]. Die evolutionäre Ästhetik plädiert dafür, dass unser Empfinden von Schönheit in uns veranlagt ist und somit auch ein grundlegendes Verständnis von Kunstschönheit in jedem Menschen existiert.

Beides lässt sich insofern bejahen, als dass das Herstellen und das Verlangen nach Kunst, insofern das Vermitteln von Kunst als eine indirekte instrumentelle Kommunikation mit zweischneidiger Repräsentation verstanden wird[14], allen Kulturen gemein ist. Der zugegeben sehr weitgefasste Begriff von Kunst widerspricht der ideellen Definition zwar nicht, sie hilft uns aber auch nicht viel weiter mit dem Verständnis, was für einen Begriff von Kunst die evolutionären Wissenschaften voraussetzen. Problematisch bei einer möglichst allgemeingültigen Definition von Kunst für die evolutionäre Ästhetik sind die verschiedenen Herangehensweisen der evolutionären Wissenschaften und die Unstimmigkeiten und Ungeklärtheiten untereinander. Während sich die evolutionäre Erkenntnistheorie und die Soziobiologie noch mit Kunst im Tierreich beschäftigen, behaupten Kulturwissenschaftler die evolutionär bedingte Kunstherstellung ließe sich nicht nur auf die Biologie, sondern vor allem auf die Kultur reduzieren und sei deshalb ein rein menschliches Phänomen. Gleiches mit der evolutionären Psychologie, die Kunst als Anpassung an Bedingungen seit der Steinzeit, also dem ersten Nachweis einer Reflektion durch die Höhlenmalerei sieht. Das Zusammenwirken von kultureller und genetischer Evolution ist ein noch nicht genau erforschtes Thema. Das mag daran liegen, dass bei Ursache und Wirkung in der Vergangenheit schwer zwischen Kausalität und Korrelation unterschieden werden kann. Dass die Wissenschaften mit unterschiedlichen Tempora und unterschiedlichem Vorwissen arbeiten, trägt leider ebenfalls nicht zu einer interdisziplinären Verständigung der evolutionären Wissenschaften bei.

Auffällig bei allen genannten Vertretern der evolutionären Theorie ist allerdings, dass sie zwar den Anspruch haben, Kunst zu definieren, aber durch ihre fachliche Beschränktheit nur das „Wozu" der Kunst klären können und wollen. Das macht die idealistischen Ansätze insofern obsolet, als dass es die Freiheit und Willkürlichkeit aus der Definition von Kunst entzieht. Was übrig bleibt ist ein deterministisches Weltbild in dem wir Kunst vernunftlos zu einem evolutionär funktionalen Zweck herstellen. Der Philosoph Denis Dutton bemüht sich darum eine evolutionär gefärbte Definition von Kunst zu bieten, die den idealistischen

---

[13] vgl. Kant: ein subjektives Werturteil mit objektivem Charakter

[14] vgl. Deacon, Terrence: The Aesthetic Faculty. In: The Artful Mind: Cognitive Science and the Riddle of Human Creativity. Mark Turner (ed.). Oxford 2006. Seite 22

Kunstbegriff nicht auszuschließen versucht[15], muss aber dafür tierische (insofern sie existiert) von der menschlichen Kunst abgrenzen. Auch an dieser von vielen Wissenschaftlern vollzogene Abgrenzung erkennt man die Unstimmigkeiten in dem recht neuen Zweig der modernen Wissenschaft. Bevor die Ansätze vorgestellt und diskutiert werden können, muss noch der zu erforschende Gegenstand geklärt werden.

2.4 „Was", „warum" oder „wozu"?

Der anthropozentrische Ansatz von Dutton legt höchsten Wert auf den direkten Wohlgefallen am Kunsterlebnis. Wie bei jeder Evolutionstheorie steht der Nutzen von Kunst im Fokus der Untersuchung. Um vor seinen möglichen Sexualpartnern herauszustechen und besonders aufzufallen, bringt Dutton außerdem Fertigkeitskunst und Stil als Kategorien zur Kunsterkennung mit ein. Kreativität, Kritik und der „spezielle Fokus" zeigen wiederum, dass alle Bereiche der evolutionären Wissenschaften gedeckt werden sollen. Mit der emotionalen Sättigung und dem Ausdruck von Individualität beschäftigt sich wohl die evolutionäre Psychologie. Besonders interessant an Duttons Eingrenzungsversuch ist allerdings die intellektuelle Herausforderung, das Repräsentieren von etwas anderem (möglicherweise ideellem) und die imaginäre Erfahrung. Hier macht Dutton den entscheidenden Schritt, einen zweitrangigen, da wissenschaftlich nicht feststellbaren Nutzen, neben einen direkt evolutionären Nutzen zu stellen. Duttons Definition beschreibt zwar ganz gut, wann etwas Kunst genannt werden kann. Beim Versuch zu klären, warum etwas Kunst ist, kann er es jedoch nicht umgehen Kant zu zitieren[16].

Das mag vor allem daran liegen, dass der Begriff der Ästhetik ein wertendes Moment involviert. Kant spricht nicht umsonst von einem „Werturteil" bei schönen Dingen und nicht von einer Deskription, wie es in der Wissenschaft der Fall ist. Die evolutionären Theorien, insofern sie ideelle Ansätze anders als Dutton von vorne herein ausschließen, müssen nun genauer untersuchen, welche Kunst gegenüber anderer Kunst vorgezogen wird, und wie sich der Nutzen der Werke in unserer Evolution verankert hat. Deshalb wird es nun um das „Wozu" der Kunst gehen. Festzuhalten bleibt, dass Kunst zwar durch Abgrenzung immer näher beschrieben werden kann - eine griffige, vollendete Kunstdefinition ohne idealistische Fär-

---

[15] Dutton, Denis: The art instinct. New York 2009. Seite 47

[16] vgl. Dutton, Denis: The art instinct. New York 2009. Seite 59

bung allerdings ausbleibt. Die evolutionären Theorien schaffen es in ihrer Vielheit nicht, den Gegenstand ihrer Untersuchungen zu definieren, ohne Gebrauch von Ideellem, Absoluten und Metaphysischem zu machen. Das „Wozu" soll stattdessen das „Was" und das „Warum" ersetzen, was aus mehrerlei Hinsicht erklärungsbedürftig ist. Das „Was" wird bei einer Untersuchung der evolutionären Theorien zwar vorausgesetzt, es wird aber so vorgegangen, dass von aktuellen Phänomenen auf frühere Eigenschaften geschlossen wird, was eine Definition obsolet macht. Dementsprechend wird auch nicht nach dem „Warum?" - der Intention - gefragt, da es mehr darum geht, wozu sich eine Fertigkeit entwickelt hat. Es geht also um das „Wozu" des Prozesses Kunstherstellung und nicht um das „Warum" der reinen Produktion.

Die Frage, die sich daraufhin für die evolutionären Theorien stellt, und die Antwort, mit der sich diese Arbeit befassen wird, steht im „Cambridge Handbook of the psychology of aesthetics and the arts" und wird wie folgt beschrieben: „the question about the origin and evolution of aesthetics is answered by determining the conditions under which, and by virtue of what evolutionary processes, did human experiences become evaluable, affectivively absorbing and individually and socially meaningful"[17]. Im nächsten Kapitel wird diese Antwort untersucht, skizziert und die Argumentation nachvollzogen, um daraufhin feststellen zu können, inwieweit die evolutionären Theorien Recht haben und ob sie Platz für eine kontemplativ-geistige Kunst lassen.

---

[17] Nadal, Marcos; Gomez-Puerto, Gerardo: Evolutionary approaches to art and aesthetics. In: The Cambridge Handbook of the psychology of aesthetics and the arts. Tinio, Pablo P- L; Smith, Jeffrey K (Hg.). Cambridge 2014. Seite 184

3. Das „Wozu" der Kunst

3.1 Ästhetik a priori

Weil also der Begriff „Kunst" definitorisch nicht von dem Geistigem gelöst werden kann, wird von der evolutionären Ästhetik versucht, den Ursprung des Schönheitsempfindens biologisch zu finden. Deshalb soll es nun um das Schönheitsempfinden gehen, da dieses wiederum die elementare Bedingung für Kunst ist. Ohne Schönheitsempfinden gibt es aus einer zweckrationalen Sicht keinen Antrieb schöne Dinge, also Kunst herzustellen. Deshalb konzentriert sich vor allem die biologische evolutionäre Ästhetik besonders auf dieses Thema, anstatt sich mit Definitionen zu beschäftigen.

Zurück zu Kant: Das ästhetische Urteil ist für ihn ein subjektives, allerdings mit objektivem Charakter, auch weil es zur menschlichen Natur gehört, Schönheit als solche wahrnehmen zu können. Wenn Kant von Erkenntnis a priori schreibt, so meint er damit die Voraussetzungen des Menschen, Erfahrung überhaupt erst machen zu können. Diese Erkenntnis a priori, so argumentieren evolutionäre Ästhetiker wie Richter oder Eibl-Eibesfeldt, ist nicht nur geistig, sondern vor allem auch biologisch bedingt. Und da wir Kunst unvermittelt, reflexartig und auch ohne Interpretation oder intensives Betrachten als schön erkennen können, ist das ein Indiz für angeborenes ästhetisches Empfinden. Wie wir heute wissen, geht das angeborene Schönheitsempfinden über die bloße Möglichkeit des Selben hinaus. Sogar *was* als schön empfinden wird, wird von Generation zu Generation in jeder Kultur spezifisch weiter vererbt[18]. Diese Informationen werden auf drei unterschiedliche Weisen weitergegeben: über den genetischen Code, das individuelle Gedächtnis und die Kultur (Schrift, Sprache und elektronische Informationsspeicher)[19]. Es scheint eindeutig, dass der genetische Code das a priorische Element im Empfinden darstellt. Auch wenn Kant mit dem Begriff „Ästhetik a priori" eher die transzendentalen Bedingungen von Anschauungen meint, hat die evolutionäre Ästhetik nicht unrecht, dass es auch evolutionäre, biologische Bedingungen von Anschauungen gibt. Eine besondere Rolle hierbei spielen die Untersuchungen, wann wir etwas schön finden und wann nicht. Folglich wird der Begriff „angeboren", ganz im Sinne von Eibl-Eibesfeldt, als stammesgeschichtliche Angepasstheit verstanden. Erkennen kann man diese

---

[18] vgl. H. Barkow Jerome; Cosmides, Leda; Tooby, John: The Adapted Mind. Evolutionary Psychology and the Generation of Culture

[19] Eibl-Eibesfeldt, Irenäus: Die Biologie des menschlichen Verhaltens. 2. Überarbeitete Auflage 1986. Seite 36

Angepasstheiten durch Erfahrungsentzug oder spezielle Aufzucht. Werden gewisse Verhalten dennoch entwickelt, kann man von einer genetischen Angepasstheit ausgehen. Eine genetische Angepasstheit wäre somit beispielsweise der Gesang eines Vogels, der bei gleichen Arten ähnliche artspezifische Strophen singt, gleich ob er von anderen Vögeln isoliert aufwächst oder nicht. Zusammengefasst: „Stammesgeschichtliche Vorprogrammierungen kommen auch im kulturellen Gestalten des Menschen zum Ausdruck."[20]. Die selektive menschliche Wahrnehmung sorgt dann dafür, dass die angeborenen Verhaltensmuster mit der Realität abgeglichen werden. Den Blick auf die Realität werfen wir ebenfalls mit angeborenen biologischen Vorurteilen. Instinktiv können wir so innerhalb kürzester Zeit den Unterschied zwischen einer Gefahrensituation und einer Situation, die zur Triebbefriedigung nützlich ist ausmachen[21]. Der Prozess ist also ein wechselseitiger.

Wie so oft ist der Mensch durch seine Geistigkeit dennoch ein Sonderfall in der Evolution. Selbst wenn der Mensch der Befriedigung eines Triebes nachgeht, so hat er das subjektive Gefühl, Herr seiner Entscheidung zu sein. Durch das Reflektieren zeigt er seine vermeintliche geistige Unabhängigkeit vom biologischen Körper. Diese Unabhängigkeit wird vom Menschen als Freiheit empfunden. Wenn Kant schreibt, Kunst könne nur als ein Akt der Freiheit und der Willkür entstehen, so geht er genau von dieser Unabhängigkeit aus. Für den Neurologen Franz Seitelberger darf „Freiheit" jedoch nicht als ungebundene nicht-Determiniertheit verstanden werden, sondern viel mehr als Autonomie, da durch das Abwägen von kulturell entwickelten handlungsbeeinflussenden Normen oder biologisch bedingten nutzenorientierten Handlungen (wie zum Beispiel essen) immer schon der Freiheit ein Rahmen gesetzt wird: Freiheit „existiert nicht in realer oder in begrifflicher Objektivierung, sondern in der Selbstbezogenheit des handelnden Subjekts. Freiheit bedeutet daher auch nicht Akausalität […]."[22].

---

[20] Eibl-Eibesfeldt, Irenäus: Die Biologie des menschlichen Verhaltens. 2. Überarbeitete Auflage 1986. Seite 115

[21] ebenda, Seite139

[22] Seitelberger Franz. Neurobiologische Grundlagen der menschlichen Freiheit. In: Mensch und Kosmos. Böhme, Wolfgang (Hg.). Karlsruhe 1981. Seite 27

3.2 Kunst und biologische Adaption

Was sich als fortpflanzungswürdig beweist, das heißt funktional für das genetische Erbe, lohnt in den Genpool aufgenommen zu werden. Die nächsten Kapitel werden die Funktionalität in der Kunst als Thema haben, da diese der Hauptindikator ist, evolutionäre Anpassungen im ästhetischen Gefühl zu erkennen. Die Basis aller evolutionären Wissenschaften ist, trotz vehementer Versuche das Gegenteil zu beweisen, die Biologie. Wenn man nicht gerade dem in der Wissenschaft verdrängten Paradigma des Behaviorismus folgt, so muss sich die Psychologie dem im letzten Kapitel besprochenen angeborenen, der Biologie entsprungenen Verhaltensweisen annehmen. Die Kultur konnte durch das Vermögen Sprache, Schrift und schlussendlich auch digitale Speichermedien zu nutzen, den biologisch langsamen Prozess des sozialen Lernens von älteren Generationen beschleunigen. Der Vorgang selbst unterscheidet sich aber nicht vom Biologischen. Ein Hauptaugenmerk auf die Biologie ist im Diskurs der evolutionären Ästhetik also gerechtfertigt. Die Biologie geht von Adaptionismus aus, der in den folgenden Kapiteln bis hin zur kulturellen Ästhetik behandelt werden soll.

Nun wäre eine Definition und der Aspekt der Selbstverwirklichung und anderer lebenserfüllender Gründe von Kunst gar nicht weiter sinnvoll, wenn das Herstellen von Kunst lediglich eine Adaption zur Selbst- und/oder Arterhaltung wäre, wie die Soziobiologie und führende Hirnforscher[23] plädieren. Um die Zusammenhänge zwischen Bewusstsein und genetischer Beeinflussung zu untersuchen, lohnt es sich einen Blick auf die Tierwelt zu werfen. Tiere sind ihren Genen weitaus mehr verfallen, da sich ihr Selbst-Bewusstsein auf ein minimales beschränkt, zumindest die Reflektionsfähigkeit scheint stark eingeschränkt bis nicht vorhanden. Teil der evolutionären Theorie ist es außerdem, dass der Mensch Vorfahren aus dem Tierreich hat. Dementsprechend behandelt die Biologie den Menschen als Teil des Tierreichs.

---

[23] Assheuer, Thomas: Kunst ist ein Neuronenfeuer. *Die Zeit* 15.05.2008 Nr. 21.

3.3 Kunst im Tierreich

Natürlich gilt es zu beachten tierische „Kunst" (insofern man diese so nennen kann) nicht aus einem allzu menschlichen Kunstverständnis heraus zu verstehen. Obwohl jeder Mensch ein schönes Tier oder das schöne Werk eines Tiers benennen könnte, vergisst man dabei, dass die Schönheit nicht für den Menschen gemacht wird. Es ist eher subjektiver Geschmack, welche Art von Tier uns gefällt, oder ob wir den Gesang von Vögeln, den Bau von Ameisen oder das Federkleid eines Pfaus bewundern. Die Werke oder Eigenschaften der Tiere sind viel mehr durch sexuelle Selektion herausgebildeter Ausdruck ihrer jeweiligen Art. „Wie auch alle anderen arttypischen und artspezifischen Merkmale überhaupt sind sie im genetischen Programm eines jeden dieser Individuen angelegt."[24] Diese arttypischen Veräußerungen haben sich in der jeweiligen Stammesgeschichte der Tiere herausgebildet und sind Teil ihrer biologischen Identität geworden. Wenn man so will könnte man die Genetik als a priorische Bedingung ihrer Werke oder ihres Verhaltens bezeichnen, wie das Singen oder das Tanzen beim Balzverhalten verschiedener Vogelarten, beispielsweise das der Schnurrvögel, des Leierschwanzes oder der Laubenvögel. An dieser Stelle ist es sinnvoll zu hinterfragen, inwiefern Schönheitssinn und schönes Merkmal sich herausgebildet haben. Diese Frage ist nichts anderes als die Frage nach dem Entstehen der unreflektierten Ästhetik und damit auch dem Anerkennen von Kunst, egal aus welchem Grund, überhaupt.

Ulrich Welsch interpretiert Darwin in der Hinsicht, das diese ästhetische „Korrelation zwischen Schönheit und Schönheitssinn" im Sinne einer „Koevolution von schönen Gegenständen auf der einen und Schönheitssinn auf der anderen Seite […] gemeinsam hervor (geht)."[25] Die „Kunst" im Tierreich ist laut Darwin also immer Mittel zur Arterhaltung. Kunst und Schönheit ist dabei vor allem bei männlichen Tieren notwendig, weil in den meisten Fällen die Weibchen den Sexualpartner wählen. Diese Art der sexuellen Selektion muss sich natürlich erst entwickelt haben. Weibchen wählen in einem archaischen Stadium gerade die Männchen, die ihnen besonders fit erscheinen. Bei einer starken Konkurrenz der Männchen ist es für diese von Vorteil, speziell durch Stärke mögliche Sexualpartner der Weibchen auszuschalten, oder Merkmale zu entwickeln, die den Weibchen besonders auffallen, denn: „Das Weibchen muss das schöne Männchen mögen und sich für es entscheiden - um das fitte zu

---

[24] Richter, Klaus: Die Herkunft des Schönen. Mainz 1999. Seite 268

[25] Welsch, Ulrich: Der animalische Ursprung der Ästhetik in: Darwin, Die Abstammung des Menschen und die geschlechtliche Zuchtwahl, Stuttgart, Bd. II. Seite 217

kriegen."[26] Das Entwickeln von Merkmalen oder Verhaltensweisen, die dem Weibchen imponieren hat allerdings in vielen Fällen zu einer Einschränkung der Fitness bis hin zu einem Nachteil für die Selbsterhaltung geführt. Die schmucken schweren Federn sorgen beispielsweise dafür, dass Pfauen nicht mehr fliegen können, was ihr Fluchtpotential vor möglichen Fressfeinden erheblich einschränkt. Sie haben sich in dieser Art und Weise entwickelt, da Pfauenweibchen die Männchen mit großen und sauberen Federn als Zeichen von Stärke und Männlichkeit deuten und sie den anderen gegenüber bevorzugen. Die Tiere zeigen durch ihr Handycap, dass sie sich bestimmte Einschränkungen der Fitness leisten können und dennoch überleben. „Der balzende Habicht taucht aus der Höhe in fast senkrechtem Sturzflug ab, um sich gerade noch rechtzeig zu fangen, […] der Pfau nimmt sich mit seinem zum geschlossenen Fächer aufgestellten Rad die Sicht nach hinten vollständig, also nach jener Seite, von der sich ein Feind am ehesten auf ihn stürzen würde. […] Das Brunftgeschrei der Hirsche verrät den Wölfen […] wo eine ergiebige Beute zu holen sein könnte. […] und so fort."[27] Das Handycap-Prinzip, also der Vorteil bei der sexuellen Selektion durch Nachteile bei der natürlichen Selektion, ist selbstverständlich auch in einem Kontext der Nützlichkeit entstanden. Aber die sexuelle Selektion eröffnet eine „zweite Ebene von Nützlichkeit"[28], welche sich von der natürlichen Selektion abhebt. Die Weibchenwahl ist die drauf logische Folge der sexuellen Selektion. Das auf Vergnügen basierte, ästhetische Urteil des Weibchens entscheidet, ob das Männchen attraktiv genug zur Fortpflanzung ist. Das Herstellen von „Kunst" im Tierreich beginnt an dieser Stelle.

---

[26] Welsch, Ulrich: Der animalische Ursprung der Ästhetik in: Darwin, Die Abstammung des Menschen und die geschlechtliche Zuchtwahl, Stuttgart, Bd. II. Seite 237

[27] Reichholf, Josef H.: Der Ursprung der Schönheit. München 2011. Seite 96

[28] Welsch, Ulrich: Der animalische Ursprung der Ästhetik in: Darwin, die Abstammung des Menschen und die geschlechtliche Zuchtwahl, Stuttgart, Bd. II. Seite 222

3.4 Attraktivität oder Ästhetik?

Die Schönheit der animalischen Kunst ist in diesem Sinne bei der Arterhaltung von Nutzen, bei der Selbsterhaltung allerdings nutzlos. Es sind quasi keine Fälle in der Tierästhetik bekannt, in denen schöne Kunst unabhängig von dem Wunsch, attraktiv erscheinen zu wollen oder fit zu sein hergestellt wurde. Deshalb wird davon ausgegangen, dass die Tierästhetik sich lediglich auf das sexuelle Begehren oder das Überleben fokussiert.

Eine Ausnahme dafür wären die von Affen angefertigten Zeichnungen, die unabhängig voneinander, laut ihrer Kommunikation in Zeichensprache, einen Apfel darstellen sollten. Die Bilder hatten eine verblüffende Ähnlichkeit miteinander und die Tatsache, dass sie den Zeichnungen eines Kleinkindes im Alter von zwei Jahren glichen[29], könnte auf ein Kunstverständnis abseits der Zweckrationalität hindeuten. Da über die Vorstellungskraft der Affen jedoch wenig ausgesagt werden kann und es sich wissenschaftlich nicht nachweisen lässt, ob diese Affen tatsächlich etwas Gegenständliches darstellen wollten, lässt sich die Hypothese der auf Sexualität beschränkte Schönheitsempfinden und Kunstherstellung nicht falsifizieren. „Kunst" im Tierreich wurde folgerichtig nur in Anführungszeichen verwendet, da sie weder der von Kant und Hegel, noch der von Dutton übernommenen weiten Definition von Kunst als Selbstzweck gerecht werden kann. Die sexuelle Determiniertheit des ästhetischen Gefühls bei Tieren ist es auch, welche das Gefühl für Schönheit (oder Fitness) auf die eigene Spezies beschränkt. Folglich sollte der Begriff „Attraktivität" den Begriff „Ästhetik" innerhalb der Tierwelt ersetzen.

3.5 Evolution und Kultur

Die evolutionäre Ästhetik braucht allerdings die Tierwelt nicht, um ästhetische Phänomene zu erklären. Im Folgenden soll es um die anthropozentrischen Ansätze der evolutionären Ästhetik und deren Argumente gehen.

Die Kulturwissenschaft sagt, dass wir uns durch unsere Kultur - damit nur bedingt durch den Geist - von den Tieren abheben. Durch die Kultur entwickeln wir durch sie und in ihr neue Antriebe, die ein Schönheitsempfinden und damit auch ein Herstellen von Kunst auslösen und bekräftigen. Darwin schreibt dazu: „Ein jeder, welcher das Prinzip der Evoluti-

---

[29] vgl. Richter, Klaus: Die Herkunft des Schönen. Mainz 1999. Seite 242-243

on annimmt [...], muss bedenken, dass in jedem Glied der Wirbeltierreihe die Nervenzellen des Gehirns die direkten Abkömmlinge derjenigen sind, welche der gemeinsame Urerzeuger der ganzen Gruppe besessen hat. [...] Wenn sich gleichwohl Unterschiede zwischen der menschlichen und der tierischen ästhetischen Wertschätzung finden, so sind diese aus der kulturellen Evolution beim Menschen zu erklären."[30] Und fürwahr: Das ästhetische Empfinden beim Betrachten der Sixtinischen Kapelle oder der Mona Lisa lässt sich nicht durch eine sexuelle Appetenz erklären, wie es beim Paarungsverhalten von Affen oder auch von Menschen der Fall ist. Dennoch kann sich die kulturelle Evolution auch genetisch zeigen. Das Nutzen von Feuer zur Zubereitung von ansonsten ungenießbaren Essen[31] oder das Entwickeln einer Laktosetoleranz[32] sind zwei solcher Beispiele. Das Herstellen von Kunst ist demnach auch eine Adaption, um sich an die Lebensrealität des kulturellen Menschen anzupassen und in seiner Welt besser zurechtzukommen. Ist Kultur also lediglich der empirische Vorgänger des ästhetischen Gefühls, bevor sich dieses in der biologischen Evolution manifestierte?

Um diese Frage zu beantworten muss die aus kulturellen Antrieben gefertigte Kunst von sexuell funktionaler und psychologischer Kunst abgegrenzt werden, um die Eigenständigkeit der Paradigmen zu untersuchen. Wie bereits erwähnt ist die Herkunft eines ästhetischen Empfindens für die evolutionäre Ästhetik wissenschaftlich schwer nachzuweisen, da es kaum feststellbar ist, ob Gene, Psychologie oder Kultur der Auslöser eines ästhetischen Phänomens sind. Eindeutig ein kulturelles Phänomen wäre Kunst, wenn diese als Mengenphänomen nur durch empirische Maßnahmen an den Nächsten weitergegeben werden würde. Dadurch sind weder die Gene, noch ein subjektives Bedürfnis Ursprung des Verlangens Kunst zu genießen. Seit der Möglichkeit des Buchdrucks, spätestens seit dem digitalen Speichern von Informationen, hätte demnach ein immenser Fortschritt in der Kulturentwicklung verzeichnet werden müssen, was angesichts anderer, vergangener Kulturen ohne diese Möglichkeiten jedoch zumindest fraglich scheint. Dass ein ästhetisches Phänomen seinen Ursprung lediglich in der Kultur hat, lässt sich also nicht pauschalisieren. Hinzu kommt das Argument, das kulturell entwickelte Eigenheiten mit genügend Zeit Teil des Evolutionsprozesses werden. Die vorhin gestellte Frage lässt sich trotz der angebrachten Argumente leicht verneinen, denn Kultur kann im Gegensatz zur bisherigen Ausführung der natürlichen Selek-

---

[30] Darwin, Charles: Abstammung II. London 1871. Seite 353 und Seite 336

[31] Odling-Smee, F. John u.a: Niche Construction. 2003. Seite 246

[32] ebenda, Seite 248

tion in ihren Grundzügen sehr wohl auch widersprechen. Beispiel dafür ist der Schutz vor Krankheiten durch Kleidung oder die gesamte Medizingeschichte. Eine Reduktion eines ästhetischen Empfindens ist zwar nicht möglich, wohl aber eine Abgrenzung.

Winfried Menninghaus und die Mehrheit der Evolutionstheoretiker gehen davon aus, dass „spätestens seit der vielbeschworenen kulturellen Evolution der jüngeren Steinzeit - also 40 000 bis 50 000 Jahren vor unserer Zeit - Prozesse sozialen Lernens und die Erfindung neuer kultureller Praktiken die Entwicklung menschlichen Lebens weit stärker prägen und verändern, als dies für den Faktor der genetischen Evolution gilt."[33] Anhand dieser Ausführung ist es ein Einfaches aus kulturellen Antrieben gefertigte Kunst von biologischer, aus Attraktivitätsgründen gefertigter Kunst zu unterscheiden. Eine Keramikschüssel wäre beispielsweise eindeutig ersterem zuzuordnen. Kulturelle Evolution hat also durchaus ihre Berechtigung in der evolutionären Ästhetik und es gilt sie in den Diskurs zwischen Geisteswissenschaft und evolutionärer Ästhetik miteinzubeziehen. Für die kulturelle Ästhetik gilt es nun zu untersuchen, warum sich kulturelle Mechanismen überhaupt entwickelt haben. Diese Vertiefung in der Frage nach dem „Wozu" der Kunst führt zu einer ersten Differenzierung der humanen und der animalischen Ästhetik und wird mit dem trieblosen kollektiven Lernen erklärt.

3.6 „Making special" und kultureller Enaktivismus

Die kulturästhetische Antwort auf die Frage „wozu Kunst?" von Ellen Dissanayke besagt, dass der Mensch Bestandteile der natürlichen Umwelt durch Wiederholung, Übertreibung und Stilisierung durch das universell angeborene Verlangen außergewöhnliche Dinge zu erleben, in etwas Besonderes verwandelt. Da die Natur- und Kulturwissenschaften reduktionistisch vorgehen, sehen sie lediglich in diesem natürlichen Verlangen die Grundlage, durch welche sich menschliche kognitive Prozesse erklären lassen. Dafür muss man den Blick jedoch erst einmal vom Individuum auf das Kollektiv lenken. In einer kulturellen Vereinigung schließen sich Individuen zusammen, um ein gesellschaftliches Netzwerk von Informationen zu speichern: „The cultural network introduces an entirely new element to human life: immersion in a cognitive collectivity, or community of mind. This is perhaps the primary source of the enormous cognitive differences between human beings and our closest

---

[33] Menninghaus, Winfried: Wozu Kunst?. Erste Auflage Berlin 2011. Seite 26

genetic relatives."[34]. Die Möglichkeit des Menschen durch Kommunikation Erfahrungen auszutauschen und Wissen zu vernetzen führt im nächsten Schritt zur Loslösung von der übrigen Tierwelt: „Monkeys and apes solve the world alone; we do not. Human culture is based on the sharing of mental representations, and we are tethered to that network. It allows us to achieve things that are far beyond the capabilities of an ape or, for that matter, a socially isolated human brain."[35] Die Funktion der Kunstherstellung, weshalb sie sich in einem Kollektiv als sinnvoll etabliert und aktiv betrieben wird, ist die Kooperation, das Festigen der Gruppenzugehörigkeit und das Funktionieren der Gesellschaft: „Mimesis is an innate capacity, and its universality allows human society to function smoothly"[36]. „Making special" ist also mehr als ein bloßes subjektives Verlangen, es manifestiert sich in der Gruppe besonders in der Kunstherstellung, die mit Hilfe der Mode (den Kriterien eines Kollektivs) dem Werk des Künstlers verschiedene neue Ansprüche stellt, deren er gerecht werden muss.

Dies bildet also in der kulturellen evolutionären Ästhetik die Grundlage, auf der empirisch erforscht werden kann, „welchen spezifisch funktional-kausalen Beitrag das menschliche Gehirn zur Konstitution kulturell geprägter ästhetischer Erfahrung und Kunstproduktion leistet"[37]. Merlin Donald erweitert die These, dass es diese denzentralisierten, sozialen Netzwerke sind, welche Kunst bedingen insofern weiter, als dass die Netzwerke die subjektive ästhetische Erfahrung erst möglich machen. Das bedeutet, subjektiv kognitive Fähigkeiten haben sich erst aufgrund der Interaktion mit Umwelt und anderen Menschen durch Arbeitsteilung entwickelt. Durch eine Rollenverteilung entstand ein Subjekt-Denken, welches sich im im evolutionären Prozess bewährte und im Sinne des Adaptionismus zur menschlichen Fähigkeit wurde. Das Verlangen, Dinge als besonders zu empfinden, sorgt dann für die Etablierung eines Kunstbedürfnisses, das im Sinne der Arbeitsteilung Teil des Prozesses der „Subjektwerdung" wird. Der in den letzten Kapiteln thematisierte adaptionistische Ansatz schließt den eben skizzierten enaktivistischen nicht aus: Kultur muss als einheitliches System gedacht werden, welches erst von autonomen Individuen konzipiert wird, um im Gegenzug

---

[34] Donald, Merlin: Art and Cognitive Evolution. 2006. Seite 14

[35] Donald, Merlin: Art and Cognitive Evolution. 2006. Seite 14

[36] ebenda, Seite 15

[37] Tewes, Christian: Die Konstitution ästhetischer Erfahrung aus der Perspektive der Neuroästhetik. Jena 2012. Seite 6

die Lebenswelt der Individuen durch Adaption zu beeinflussen.[38] Dementsprechend sollte Erfahrung nicht als Epiphänomen aufgefasst werden, sondern ist grundlegend zum Verständnis eines kulturwissenschaftlichen, phänomenologischen Deutung von Kognition und Ästhetik.

„Making special" entsteht schließlich aus der engen Verknüpfung von Emotion und Erfahrung und der Bewertung dieser in nützlich und unnütz[39]. Die anschließende Kommunikation ermöglicht es dem Menschen, das kollektive Wissen durch seine subjektive Erfahrung zu bereichern, während das Wissen und die Ansprüche der Gruppe das Subjekt dazu zwingen, sich neuen Herausforderungen anzupassen.

Die Rolle der Kommunikation beim Kunstschaffen bedarf einer eigenen Untersuchung, da sie immerhin *die* Voraussetzung für ein kollektives kulturelles Wirken ist, was wie skizziert sogar die Bedingung für das Schönheitsempfinden per se sein könnte. Der Künstler richtet sein Werk immer an Mitmenschen oder Dinge, die er wie mit Mitmenschen behandelt. Ein Kunstwerk ist immer ein Kunstwerk *für* jemanden. Nachdem die Aufmerksamkeit gewonnen wurde, ist es möglich dem Rezipienten eine Botschaft zu vermitteln. Diese Botschaften sind ebenfalls gemeinschaftsbildend, denn: „künstlerisches Schaffen verbindet Können mit Leistung und ist damit Spiegel des Vermögens einer Person oder Gruppe."[40] Eibl-Eibesfeldt geht sogar so weit, dass er Kunstwerke als wesentlichen Einflussfaktor auf die ethischen Normen einer Gesellschaft bezeichnet.. Abschließend für die kulturelle Ästhetik bleibt zu sagen, dass Kunst einen wesentlichen Einfluss auf die Identität einer Menschengruppe ausübt. Dieses identitätsbildende und -fördernde Element steht in einem wechselseitigen Verhältnis zum Subjekt.

---

38 vgl. Thompson, Evan: Sensomotorische Subjektivität und die Annäherung an Erfahrung. In: C. Tewes, K. Vieweg (Hg.). Seite 126

[39] vgl. Tewes, Christian: Die Konstitution ästhetischer Erfahrung aus der Perspektive der Neuroästhetik. Seite 9

[40] Eibl-Eibesfeldt, Irenäus: Die Biologie des menschlichen Verhaltens. 2. Überarbeitete Auflage 1986. Seite 36

3.7 Funktionalität in der menschlichen Kunst

Die Humanästhetik ist aufgrund des menschlichen Geistes und dessen Autonomie komplizierter als das bloße Weitergeben von Informationen oder dem Etablieren von Riten zur Manifestierung der Zugehörigkeit. Auch der Blick auf das Kollektiv hilft bei bloßer Betrachtung des Schönheitsempfindens eines Menschen nicht weiter. Die evolutionäre Psychologie lenkt den Blick also wieder zurück auf das einzelne Subjekt. Dass das menschliche Schönheitsempfinden frei von jeglichen triebhaften Komponenten sei, ist spätestens seit der kognitiven Wende auch in der Psychologie keine haltbare These mehr. Das Scheitern des Behaviorismus beim Versuch des Erklärens ästhetischer Wahrnehmung zeigt sich, um ein Beispiel zu nennen, schon daran, dass das ästhetische Empfinden zumindest in Teilen auch beim Menschen anhand von Fortpflanzungsmerkmalen orientiert ist (zum Beispiel versprechen breite Hüften bei Frauen Gebärfreudigkeit, was in allen Kulturen als attraktiv angesehen wird[41]). Wie das Tier ist auch der Mensch das Resultat der Evolution. Nun ist die Frage, inwiefern sich das evolutionär entwickelte funktionale Schönheitsempfinden, welches bereits anhand von Tieren und der Kultur untersucht wurde, auf die menschliche Kunst und die humane ästhetische Wahrnehmung aus atomistischer Sicht auswirkt. Tatsache ist, dass die menschliche Kunst einen weitaus höheren Anspruch hat, als der Attraktivität zu dienen oder Zugehörigkeit zu symbolisieren. Folglich hat auch die Frage nach dem „Wozu" der Kunst bei einem Subjekt andere Antworten als beim Tier oder in der Kultur. Die Antwort auf diese Frage wird im „Cambridge Handbook of the psychology of aesthetics and the arts" untersucht, welches sich mit dem aktuellen wissenschaftlichen Stand der psychologischen evolutionären Ästhetik beschäftigt. Es ist sinnvoll, sich nach der kulturellen und biologischen evolutionären Ästhetik mit der Psychologie zu beschäftigen, da sie in den Wissenschaften die neueste und bedeutendste Erklärung für Ästhetik bietet.

---

[41] Internetseite, Zugriff am 6.7.2018:

integratedsociopsychology.net/Human_Reproductive_Behaviour-Evaluation/woman%27sperfecthip.waistratio0.7-Devendra.html

Singh, David: Adaptive significance of female physical attractiveness: Role of waist-to-hip ratio. In: Journal of Personality and Social Psychology, 65. 1993. Seite 293-307

3.8 Evolutionäre Psychologie

Eine der erwähnten Antworten der evolutionären Psychologie auf das „Wozu" von Kunst beschreibt das menschliche Verlangen zu spielen. Denn Spiel und Kunst haben einige Gemeinsamkeiten: Rhythmus, Imitation, Illusion, das Genießen von Regelmäßigkeit und die Anziehungskraft von Intensität und Schwierigkeit[42]. So wichtig wie für das Kind das Spielen ist, so wichtig ist für den Erwachsenen die Kunst - das Spielen für Erwachsene. Es fordert affektives aber auch intellektuelles Denken, welches im Alltag nur selten beansprucht wird. Wird die Kunst dem intellektuellen Anspruch nicht gerecht, hätte dies fatale Folgen für das erfüllte menschliche Überleben, denn besonders der intellektuelle Anspruch von Kunst kann ein Faktor sein, Bedeutung im Kosmos zu erkennen. Der Ursprung der Kunst in der evolutionären Psychologie könnte somit der spielerische Umgang mit der Außenwelt sein, der zu oben genannten Gemeinsamkeiten von Kunst und Spiel führt. Nützlich für spätere Generationen ist das durch Fiktion sichere Erfahren und durchspielen von Situationen, an denen das Handeln abgewogen werden kann. Das intellektuelle Spielen ist also ein evolutionärer Vorteil.

Einen ähnlichen, aber im Gegensatz zur Kulturwissenschaft atomistischen Blickwinkel wirft die evolutionäre Psychologie außerdem auf das menschliche Bedürfnis der Aufmerksamkeitsgenerierung. Der Literaturwissenschaftler Bryan Boyd argumentiert dafür, das Aufmerksamkeit neben dem fiktiven Durchspielen von Situationen das zweite wichtige Fundament für die Kunstherstellung darstellt[43]. Aufmerksamkeit und Spiel-Kunst sind in ihrer Art jedoch von unterschiedlicher Herkunft. Indem das Spiel einen Selektionsvorteil bieten konnte, stieg die Importanz der sozialen Aufmerksamkeit. Menschen mit weniger Intellekt ordneten sich denjenigen unter, die Situationen besser einschätzen konnten. Die Möglichkeit, Aufmerksamkeit zuteil werden zu lassen und damit ein Gruppeninteresse zu entwickeln, führte zu „[…] the development of art: to behavours that focus not on the immediate needs of the here and now but on the directing attention and engaging emotion for its own sake."[44] Neben dem kulturwissenschaftlichen Vorteil des Gruppeninteresses fordert die Kunst auf

---

[42] Nadal, Marcos; Gomez-Puerto, Gerardo: Evolutionary approaches to art and aesthetics. In: The Cambridge Handbook of the psychology of aesthetics and the arts. Tinio, Pablo P- L; Smith, Jeffrey K (Hg.). Cambridge 2014. Seite 174

[43] Boyd, Brian: Literature and evolution: A bio-cultural approach. In: Philosophy and Literature, 29. Seite 1-23

[44] Boyd, Brian: Literature and evolution: A bio-cultural approach. In: Philosophy and Literature, 29. Seite 10

einer individuellen Ebene das Anerkennen und das Teilen von Aufmerksamkeit. Diese Aufmerksamkeit könnte laut Nancy Aiken sogar dazu geführt haben, Machtverhältnisse innerhalb der Gruppe zu regeln.[45] Dies führte wiederum zu einer gezielten Kunstherstellung, um Emotionen in der Gesellschaft anzusprechen und die Machtverhältnisse zu perpetuieren. Kunst wurde dadurch auch eine Möglichkeit, Gewalt innerhalb der Menschengruppe zu verhindern. Dieses soziale Gefüge wiederum beeinflusst direkt das emotional bindende Glied der einzelnen Individuen im System, was zu Dissanayakes „making special" führt.

Als vorläufig letztes Argument der evolutionären Psychologie ist das der Linderung von Angst und Anspannung und dem Mehren von Beruhigung und Glück genauer zu betrachten. Wie das Tier handelt auch der Mensch (*zumindest* unbewusst) nach dem Lust-Unlust-Prinzip, Lust zu vermehren und Unlust zu mindern. Yriö Hirn war der Meinung, dass das Ausdrücken von Emotionen zu einer Minderung der Unlust, wenn nicht sogar zu einer Steigerung des Lustgefühls führt[46]. Das führt dazu, dass Kunst hergestellt wird, um diesem uralten Trieb gerecht zu werden. Das Ausdrücken von Emotionen wird allerdings zum Genuss, wenn diese in der sozialen Gruppe anerkannt und verstanden werden. Damit ist der Trieb, verstanden zu werden immer schon ein sozialer - Emotionen sind ansteckend.

---

[45] vgl. Aiken, Nancy E.: The biological origins of art. Westport, 1998.

[46] vgl. Hirn, Yrjö: The origins of art; a psychological & sociological inquiry. London 1900.

4. Kunst und Exaptation

4.1 Kritik an den evolutionären Theorien

Die wichtigsten Argumente der evolutionären Psychologie, der evolutionären Kulturwissenschaft und der Biologie zum „Wozu" der Kunstherstellung sind nun beantwortet. Der Adaptionismus und der Enaktivismus können sicherlich viele Kunstphänomene erklären, es existiert aber auch berechtigte formelle Kritik abseits der traditionellen Ästhetik. Wenn Hilary Rose die evolutionäre Psychologie einen „Sozialdarwinismus in neuem Gewand"[47] nennt, meint sie damit den allumfassenden deterministischen Anspruch, den die evolutionären Theorien vertreten. Dabei gibt es strukturelle Schwachstellen, die einem fundamentalen Biologisten entgegengehalten werden können.

Wie bereits erwähnt kann von aktuellen Phänomenen nur bedingt auf archaische Funktionen geschlossen werden. Es kann wissenschaftlich schwer bis gar nicht geklärt werden, ob Adaption zu einem bestimmten Verhalten geführt hat, oder ob ein Verhalten anderweitig aufgetreten ist. Auch ob die heutige Funktion von Kunsterlebnissen derer längst vergangener Zeit gleicht, lässt sich empirisch nicht feststellen. Der Behaviorismus gilt damit trotz mittlerweile wissenschaftlich geringer Relevanz als ein wunder Punkt der evolutionären Theorien.

Die evolutionären Wissenschaften sehen sich außerdem dem Argument ausgesetzt, sie konzeptualisieren wenige empirische Daten aufgrund theoretischer Modellannahmen. Dadurch, dass die empirischen Daten fehlen mit denen sich das Modell der Adaptionen rechtfertigen ließe, ist die gesamte Theorie (außer interdisziplinär) nicht falsifizierbar, was der Anspruch einer naturwissenschaftlichen Theorie sein sollte. Die evolutionären Theorien leisten mit Sicherheit vieles - dem Genuss, der intuitiven Erkenntnis und der spirituellen Erfahrung beim Horchen von Beethovens Neunter Symphonie oder Pachelbels Canon in D Dur werden die Erklärungen allerdings nicht gerecht. Die evolutionären Wissenschaften scheinen damit an der gestellten Frage teilweise gescheitert zu sein. Obwohl das „Wozu" der Kunst weitestgehend geklärt wurde, können künstlerische Phänomene nicht mit Gewissheit beantwortet werden. Dennoch sind die wissenschaftlich aufgestellten Theorien keineswegs von der Hand zu weisen. Evolutionäre Herleitungen der Kunstherstellung sind immerhin eine These und als eine solche sollten sie auch behandelt werden. Wissenschaften bauen auf Erkenntnissen auf,

---

[47] Rose, Hilary: Die Evolutionäre Psychologie, der Sozialdarwinismus und das Standardmodell der Sozialwissenschaften. Forum kritische Psychologie (45), 2012. Seite 14

die Evolution richtet sich dementsprechend auf entwickelte Prinzipien, die in der Evolutionsbiologie aufgedeckt worden sind. Dass auch Menschen Folgen von sexueller und intrasexueller Selektion aufzeigen, stützt die These und lässt sie rational erkennbar und glaubhaft sein. Vielleicht würde die emprirische Ästhetik dennoch gut daran tun, „to pay attention to descriptive philosophical theories about the broad range of artifacts, events and associated behaviors that fall under the umbrella of the category art."[48].

Bisher unbeachtet, aber nun in den Fokus gerückt werden soll der „Kompromiss" zwischen den evolutionären Wissenschaften und den Geisteswissenschaften. Obwohl die evolutionäre Ästhetik adaptionistisch, funktionalistisch und deterministisch denkt, heißt das nicht, dass sich Epiphänomene im Prozess der Evolution nicht hätten herausbilden können. Dieses Argument ist nicht nur berechtigt, die traditionelle Ästhetik muss sich den Wissenschaften annehmen, um Glaubwürdigkeit zu wahren und sich vor gewarnter Arroganz und Weltfremdheit zu schützen. Im Folgenden soll es also um den erwähnten Kompromiss gehen, bevor geklärt werden kann, ob es autonome Kunstphänomene überhaupt gibt und inwiefern sie erkennbar sind.

4.2 Kunst als Epiphänomen

Die evolutionäre Biologie schließt Adaptionen die für Schönheit per se, jegliche Form von Harmonie oder für die Gemeinschaft dienlich sind, kategorisch aus. Kunst und das Schönheitsempfinden sind dementsprechend adaptionistisch im Sinne der Attraktivität. Eine vererbte Fähigkeit oder ein vererbtes Merkmal muss jedoch nicht zwingend durch Adaption angeeignet worden sein, es könnte sich auch als nichtfunktionales Nebenprodukt entwickelt haben und so von Generation zu Generation weitergegeben worden sein. Dass Blut rot ist kann keine Adaption sein, da dies keinen Selektionsvorteil mit sich bringt. Stattdessen liegt dies an den hämoglobinhaltigen roten Blutkörperchen die funktional biologisch weitervererbt wurden und nunmal rot sind. Die Farbe des Bluts ist deshalb ein funktionales Nebenprodukt eines ansonsten adaptiven Systems - ein Epiphänomen.

Die Frage der sich nun gewidmet werden muss ist, ob die Kunstherstellung und das Schönheitsempfinden solche Epiphänomene oder adaptive Angepasstheiten sind. Martin Seel

---

[48] Seeley, William P.: Philosophy of art and empirical aesthetics: resistance and rapprochement. In: The Cambridge Handbook of the psychology of aesthetics and the arts. Tinio, Pablo P- L; Smith, Jeffrey K (Hg.). Cambridge 2014. Seite 55

differenziert innerhalb der funktionslosen Nebenprodukte in eine weiche und harte Auffassung[49]. Die harte Auffassung besagt laut Seel, dass die Epiphänomene in jeder Hinsicht überflüssig und nutzlos sind. Ein Nebenprodukt wie der Bauchnabel ist eine zwangsläufige Erscheinung, ohne die man zwar gut auskommen könnte, es aber unumgänglich ist ohne diese zu leben. Kunst könnte in diesem Fall hergestellt werden, weil es sich für den Körper nicht lohnt die Herstellung mit Kraftaufwand zu verhindern. Die weiche Auffassung vertritt hingegen die Meinung, Epiphänomene entstehen durch einen „Transfer von an sich funktionalen Merkmalen in andere Wirkzusammenhänge; sie treten auf, wenn adaptive Merkmale außerhalb ihres funktionellen Entstehungskontexts in Lebensbereichen sichtbar werden, an die sie ursprünglich nicht angepasst sind."[50]

Anhand dieser Ausführung wird schnell klar, dass die weiche Auffassung von Epiphänomenen in der evolutionären Ästhetik eher angenommen und diskutiert wird. Stephen Jay Gould nennt die nichtfunktionalen Nebenprodukte „Spandrel". Laut ihm ist das Gehirn voll von dieser aus der Architektur kommenden Vokabel. Dementsprechend sind die meisten unserer mentalen Fähigkeiten Nebenprodukte unseres Gehirns. Gould erwähnt das Lesen und Schreiben als eines dieser Nebenprodukte, da sie erst seit 5000 Jahren nachgewiesen werden können. Die Adaption, welche auch das Lesen und das Schreiben bedingt, ist die Fähigkeit Sprachen zu erlernen, was dem Menschen von Geburt an möglich ist - selbst bei Apathie oder Autismus bei einer entsprechenden Sprachtherapie. Das Sprechen hat sich entwickelt, weil es seit seinem ersten Auftreten, den gesprochenen Lauten, zu einer verbesserten Überlebenschance geführt hat.

Das Problem bei Goulds Annahmen ist jedoch sein Antiadaptionismus, der zwar menschliche Phänomene weitgehend klären kann, aber dabei zu stark behavioristisch angehaucht ist. Ein Spandrel würde zwar klären, wie sich Phänomene abseits der Adaption entwickelt haben, diese wären allerdings nicht von der Biologie abhängig oder beeinflusst. Es macht sie zum „behavioral and cultural equivalent of the blank slate"[51] wie Denis Dutton es ausdrückt. Es muss also innerhalb der Diskussion um Epiphänomene um einen Kompromiss gehen, inwieweit Adaptionen Einfluss auf das Phänomen Kunsterzeugung haben.

---

[49] Seel, Martin: Vom Nutzen und Nachteil der evolutionären Ästhetik. In: Urmensch und Wissenschaften. Eine Bestandsaufnahme. B.Kleeberg; T.Walter; F. Crivellari (Hg.) Darmstadt 2005. Seite 326

[50] ebenda

[51] Dutton, Denis: The art instinct. New York 2009. Seite 93

4.3 Kritik an der Spandrel-These

Stephen Pinker bringt eine andere These in die Diskussion um Kunst als Epiphänomen ein. Für ihn ist Kunst eine Art Käsekuchen fürs Gehirn. Käsekuchen ist eine relativ neue Erfindung, dem Menschen war es unmöglich einen Geschmack dafür in den Genen gespeichert zu haben. Was der Mensch von seinen Ahnen geerbt hat ist das Ausschütten von Glücksgefühlen beim Geschmack von Süßem, weshalb wir beim Geschmack von Käsekuchen zumeist Glück empfinden. Der Genuss beim Verzehr von Käsekuchen ist demnach ein nicht-adaptives Nebenprodukt von der Adaption der Dopaminausschüttung beim Schmecken von Zucker. In dem Essay „Art and Adaption" schreibt Pinker: „For the same reason that it is wrong to write off language, stereo vision, and the emotions as evolutionary accidents - namely, their universial, complex, reliably developing, well-engineered, reproduction-promoting design - it is wrong to invent functions for activities that lack that design merely because we want to ennoble them with the imprimatur of biological adaptiveness."[52] Pinkers Kompromiss ist also, dass Dinge wie Kunst oder Käsekuchen uns gefallen, nicht etwa weil sie Adaptionen sind, sondern weil sie ein Bedürfnis befriedigen, das tief biologisch in uns verankert ist. Weder Käsekuchen noch Beethovens Neunte befriedigen dabei ein extra darauf ausgelegtes Interesse. Auch eine Erklärung als Epiphänomen trifft nicht den Punkt der Sache. Ein bestimmtes Musikstück oder ein bestimmtes Essen befriedigen unseren heutigen Geschmack, dessen Entwicklung jedoch lange zurück liegt. Dementsprechend liegt es an den evolutionären Theorien Adaptionen ausfindig zu machen, um sie anschließend früheren Kapazitäten und Neigungen zuzuordnen. Das Problem bei dieser Art der Betrachtung ist die Mündung in einer Art Agnostizismus, in dem wir nicht klären können welche Adaption für welches Phänomen zuständig ist - bei Beethovens Neunter noch weniger als bei Käsekuchen.

Zusammengefasst: „[...] a vocabulary of adaptions versus by-products cannot make sense of the ancient origins and presentreality of aesthetic Artistic experience. To be illuminated by evolution, the arts do not all need to be glorified as Darwinian adaptions similar to language [...]. Neither should the arts be dismissed as by-products of a Collision of human Biology with culture."[53].

---

[52] Pinker, Steven: Art and Adaption. In: Evolution, Literature and Film: A Reader. Boyd, Brian; Carroll, Joseph; Gottschall, Jonathan (Hg.). New York 2010. Seite 129

[53] Dutton, Denis: The art instinct. New York 2009. Seite 102

Ein weiteres Argument ist das der engen Verknüpfung des Erfahrens eines Kunsterlebnisses und dem anschließenden Wohlgefallen. Es existiert nicht annäherungsweise ein Surrorgat für Kunst. Das Erfahren und Verinnerlichen eines Kunstwerks lässt sich nicht mit einer biologischen Lustbefriedigung gleichsetzen, was einen biologischen Antrieb, Kunst erfahren zu wollen, stark in Frage stellt. Die intrinsische Dimension der Erfahrung lässt sich außerdem nicht mit neuronalen Prozessen in Verbindung setzen: „Dem Gehirn lässt sich gegenüber einer bewussten ästhetischen Erfahrung bestenfalls eine abgeleitete aber eben keine intrinsische Intentionalität zusprechen. […] So ist die intentionale Fixierung eines Objektes nur möglich aufgrund mit-präsenter Hintergrunderlebnisse wie zum Beispiel von weiteren Objekten, denen man sich ebenfalls zuwenden könnte."[54]. Das ästhetische Erlebnis beim Betrachten eines Kunstwerks ist jedoch klar abgrenzbar vom Erleben einer Szenerie mit Hintergrunderlebnissen. Während ein Tier wie geklärt keinen Zugang zur Kunst abseits des Mittels zur Attraktivität besitzt, hat es ebenso wenig die Möglichkeit, Dinge aus einer subjektiven Akteur-Sicht zu betrachten. Diese subjektive Akteur-Sicht ist es auch, was die Kunst beim Menschen so besonders und wissenschaftlich schwer erklärbar macht: „Die metaphysische These, dass das Gehirn alle kognitiven Leistungen realisiert, steht dabei genau dieser Erkenntnis im Weg, dass es nämlich höherstufige emergente Eigenschaften und Prozesse wie ästhetische Erfahrungen gibt, die eben weder reduzierbar noch epiphänomenal sind, sondern durchaus etwas bewirken können."[55].

---

[54] Tewes, Christian: Die Konstitution ästhetischer Erfahrung aus der Perspektive der Neuroästhetik. Seite 19

[55] ebenda, Seite 20

5. Was die evolutionäre Ästhetik nicht leisten kann

5.1 Kunst und Emergenz

Christian Illies schreibt über die traditionelle philosophische Ästhetik und Kunst, dass sie von zwei Grundstrukturen geprägt ist: Irreduzibilität und Eigenwert[56]. Mit Irreduzibilität ist gemeint, dass die Schönheit eines Kunstwerks sich nicht auf etwas außerästhetisches reduzieren lässt, insbesondere nicht auf Nützlichkeit. Der Eigenwert eines Kunstwerks bedeutet, „dass Kunst durch sich selbst eine Bewertung erfahren soll, bedeutet näher, dass ihr Wert intrinsischer Natur ist und ihr nicht lediglich instrumentell durch andere Werte oder Zwecke verliehen wird"[57]. Der Eigenwert eines Kunstwerks ist also eng verknüpft mit der persönlichen Erfahrung. Die Irreduzibilität hingegen ist objektiv und kann erst innerhalb einer sorgsamen Untersuchung festgestellt werden.

Dazu lohnt es sich, den Begriff der Emergenz näher zu betrachten, da sie eine letzte Annäherung der evolutionären Ästhetiktheorien an die traditionellen philosophischen verspricht. Emergenz bedeutet „das Auftreten von Eigenschaften einer Struktur [...], die ihre Elemente nicht aufweisen"[58]. So wäre beispielsweise die V-Formation von Vogelschwärmen eine solche Eigenschaft, die sich nicht beim einzelnen Vogel untersuchen lassen könnte, sehr wohl aber beim Blick auf die ranghöhere Struktur, eben dem Schwarm. Ähnlich könnte es sich auch mit dem ästhetischen Bedürfnis, unserem Kunstverständnis und dem Bewusstsein schlechthin verhalten. Viele Dinge könnten sich zu einer Emergenz verbinden, dessen Folgen nicht auf ein einzelnes Ding reduzierbar sind. Der Emergenz entgegen steht also ein Reduktionismus, der ein Makro-Phänomen durch dessen Mikro-Struktur erklärt. Das bedeutet: Phänomene wie das Herstellen und Betrachten von Kunst werden versucht durch mehrere rein biologische, kulturelle oder physikalische Prozesse zu erklären. Das führt mitunter dazu, dass sich die unterschiedlichen Wissenschaften in ihren Paradigmen aufeinander reduzieren. Wie im letzten Kapitel verdeutlicht, kann eine Reduktion unseres ästhetischen Interesses auf die Evolution nur bedingte, nicht gänzlich zufrieden stellende Antworten liefern, obwohl die

---

[56] Illies, Christian: Die Selbstübersteigung der Natur im Schönen; Zum Beitrag der Evolution für eine allgemeine Ästhetik. In: Natur und Geist: über ihre evolutionäre Verhältnisbestimmung; für Wolfgang Welsch / Christian Tewes. K. Vieweg (Hg.). Berlin 2011. Seite 256

[57] ebenda

[58] Emergenz. Zur Analyse und Erklärung komplexer Strukturen. Greve, Jens; Schnabel, Annette (Hg.). Berlin 2011. Seite 4

evolutionären Theorien dennoch einen wissenschaftlichen Anspruch besitzen. Die Emergenz entgeht einem evolutionären wie einem geistigem Reduktionismus, was sie für die ästhetische Theorie besonders interessant macht. Das Erleben und Herstellen von Kunst könnte erklärt werden, ohne reduziert zu werden, dafür aber als ganzheitliches, reales Phänomen akzeptiert werden. In Aristoteles Worten: „Das was aus Bestandteilen so zusammengesetzt ist, dass es ein einheitliches Ganzes bildet, ist nicht nach Art eines Haufens, sondern wie eine Silbe, das ist offenbar mehr als bloss die Summe seiner Bestandteile. Eine Silbe ist nicht die Summe ihrer Laute: ba ist nicht dasselbe wie b plus a, und Fleisch ist nicht dasselbe wie Feuer plus Erde."[59] Ein Makro-Phänomen kann also nicht durch seine Mikro-Struktur erklärt werden. Die Memetik, die im folgenden Kapitel dargestellt und kritisiert wird, versucht dennoch eine Mikro-Struktur innerhalb des emergierten Bewusstseins zu entziffern, auf die es sich reduzieren lässt. Nichts desto trotz spielt die Emergenz abseits der Memtheorie nicht nur in der Biologie eine große Rolle, auch in der Soziobiologie ist der Begriff von enormer Wichtigkeit[60]. Warum also nicht auch für die Kunstherstellung?

5.2 Kunst und Memetik

Um das Prinzip Emergenz zu kritisieren und seinen Zusammenhang mit der Kunstherstellung zu begreifen, müssen die Mikro-Phänomene des emergierten holistischen Systems „Kunst" untersucht werden.

Auf bereits emergierter Ebene werden diese als Meme bezeichnet und meinen einen konkreten Bewusstseinsinhalt, wie die subjektive Empfindung, der Gesang von Frauen sei schöner als der von Männern. Die Meme wiederum unterliegen einem evolutionären Adaptionismus, da sie sich durch Kommunikation innerhalb einer Gemeinschaft vermehren und so - ähnlich der biologischen Selektion - im kollektiven Bewusstsein verankert oder vergessen werden können.

Das biologisch emergierte System „Bewusstsein" erzeugt also wiederum eine Mikro-Struktur - auf metaphysischer Ebene. Was biologisch evolutionär in Form von Genen entwickelt wurde, führt durch das Emigieren zu einem selbstständigen und holistischen System, welches sich wiederum psychologisch oder kulturell in Form von Meme äußert. Richard

---

[59] Aristoteles: Metaphysik. Buch 8.6. 1045a: 8-10

[60] vgl. Sedlacek, Klaus-Dieter. Emergenz: Strukturen der Selbstorganisation in Natur und Technik. 2013. Seite 49-52

Dawkins gesteht dem Menschen zwar zumindest den autonomen Willen zu[61], banalisiert aber durch seine Theorie Phänomene wie die Kunst zu konkurrierenden, metaphysischen „Genen" ohne qualitativen Wert.

Wo kein qualitativer Wert, da auch keine Verantwortung. Das Konzept der Meme weitergedacht, führt zu einer Rechtfertigung von Gedankengängen und Taten bis zum Extremen. Das Mem, dass Moral der Kunstfreiheit unterlegen sei, kann in solch einem Extremfall bis hin zur Bewertung eines Mordes nach ästhetischen Kriterien führen, wie das bei Thomas de Quincey in seinem Essay „On Murder Considered as One of the Fine Arts" der Fall ist. Wenn Kunst nun also nicht mehr als das metaphysische Äquivalent zu einer Adaption ist, ist sie im besten Sinne des Wortes „wertlos". Die Überlegungen zu einer philosophischen Definition im ersten Kapitel der Arbeit sprachen sich jedoch für einen Wert von Kunst aus, genau wie die anfangs dieses Kapitels aufgestellten Kriterien Irreduzibilität und eben jener Eigenwert. Die evolutionären Theorien schaffen es also auch hier nicht einem philosophischen Kunstverständnis gerecht zu werden.

5.3 Schönheit als Wert

Die metaphysische Idee des Schönen hat für den Dualisten Platon keinen Bezug zu unserer materiellen Welt. Stattdessen sind das Gute, das Wahre und das Schöne ideelle Werte, die völlig zureichend sind, um eine Handlung, die sich an einer dieser Ideen orientiert, erklären (oder zumindest rechtfertigen) zu können. Im Folgenden soll kurz das Verhältnis der Schönheit zum Wahren und zum Guten geklärt werden, um die Wertigkeit von Schönheit, beziehungsweise die Eigenständigkeit von Kunst als ästhetisches, metaphysisches Element zu untersuchen.

Kunst hat den Vorteil gegenüber natürlichen Objekten, dass sie aufgrund ihres Werkcharakters nicht einem naturalistischen Fehlschluss unterliegen kann. Das heißt, Kunst kann im Gegensatz zu biologischen Tatsachen moralisch gut oder schlecht sein. Im Alltag wird Schönes als gut und Hässliches als schlecht angesehen. Das liegt unter anderem daran, dass

---

[61] vgl. Dawkins, Richard: Das egoistische Gen. Überarbeitete und erweiterte Neuausgabe. Hamburg 1996. Seite 91-94:

„Auch die Gene steuern das Verhalten ihrer Überlebensmaschinen nicht unmittelbar mit den Fingern an der Marionettenschnur, sondern mittelbar wie der Programmierer des Computers. Sie können nicht mehr tun, als die Überlebensmaschine gut auszustatten ; dann ist sie sich selbst überlassen, und die Gene in ihr können sich lediglich passiv verhalten."

Schönheit in vielen Fällen doch als ein Zeichen von Fitness und Reproduktionsfähigkeit verstanden wird. Es ist möglich, Schönheit als höherwertig gegenüber Wahrheit und Moral zu verstehen, auch wenn dies verheerende Folgen für andere Werte hat: „Belletristische Willkührlichkeit im Denken ist freilich etwas sehr Übles, und muß den Verstand verfinstern; aber eben diese Willkührlichkeit auf Maximen des Willens angewandt, ist etwas Böses, und muß unausbleiblich das Herz verderben. Und zu diesem gefahrvollen Extrem neigt die ästhetische Verfeinerung den Menschen, sobald er sich dem Schönheitsgefühle ausschliessend anvertraut, und den Geschmack zum unumschränkten Gesetzgeber seines Willens macht."[62]

Abgesehen davon, dass das moralisch Gute in erster Linie mit einem Urteil (das sich an einer Idee orientiert) und nur in zweiter Instanz mit etwas Seiendem zusammenhängt, können diese beiden Dinge natürlich auch harmonieren. Schöne Kunst kann durchaus ein Mittel sein, moralisch zu sein. Johann Georg Sulzer schreibt in seinem Lexikon über das Schöne: „Überall ist sie [die Schönheit] das Zeichen und die Lockspeise des Guten. So bedienen sich auch die schönen Künste ihrer Reizungen, um unsere Aufmerksamkeit auf das Gute zu ziehen und uns mit Liebe für dasselbe zu rühren."[63].

Auch mit der Wahrheit hat das Schöne und damit die schöne Kunst einige Gemeinsamkeiten. Randy Thornhill schreibt in einem Essay, dass Schönheit, also auch „Kunst" im Tierreich ein wahrer Indikator für Fitness ist und dass deshalb eine schöne Idee in der persönlichen Ansicht als wahr akzeptiert wird. Das trifft den Nagel jedoch nicht auf den Kopf. Schönheit ist laut diesen Ansichten nur eine „data-based conclusion as to how to proceed in one's social competition"[64]. In Platons Worten beschreibt dies „Seiendes" und kein „Sein" - also materielles und nichts metaphysisches. Das liegt an der Herangehensweise, derer sich die Biologie bedient. Würde man den Gedanken des evolutionären Reduktionismus weiterdenken, so würde auch in der Wissenschaft lediglich aus Gründen der Fitness- oder der Fortpflanzung geforscht werden. Die Wissenschaft proklamiert allerdings, aus einem Wahrheitstrieb - neben dem Verlangen Gutes zu tun und dem Schönheitstrieb einer Letztbegründung. Da die evolutionären Wissenschaften diesem Wahrheitstrieb allerdings unterliegen, können sie Aussagen zur Protoästhetik und der Wahrheit innerhalb der Wissenschaft machen, nicht

---

[62] Schiller, Friedrich: Die Horen, Stück 11. Über die Gefahr ästhetischer Sitten, erster Absatz. Tübingen 1797.

[63] Sulzer, Johann Georg: Allgemeine Theorie der Schönen Künste. Sichwort: Künste - Sinnliche Kraft der Kunst. Leipzig 1774

[64] Thornhill, Randy: Darwinian aesthetics informs traditional aesthetics. In: Evolutionary Aesthetics. Voland, Eckart; Grammer, Karl (Ed.). Heidelberg 2003. Seite 24f

aber über einen reflektierten Wahrheitsbegriff, der über den empirischen Wissenschaften allgemein gültig ist. Deshalb kann die evolutionäre Ästhetik komplizierte künstlerische Phänomene, wie beispielsweise die Literatur, nicht erklären[65] und zwingt die Kunst in eine der Wahrheit untergeordnete Rolle, weil Schönheit kein wissenschaftliches Strukturmerkmal ist. In der platonischen Sicht der Dinge manifestiert sich die metaphysische Wahrheit jedoch in der materiellen Schönheit[66]. Wahrheit und Schönheit sind also abseits der empirischen Wissenschaften Werte von gleicher Wertigkeit.

Auch indem in der idealistischen Definition von Kunst das Schöne vom Angenehmen getrennt wird, zeigt sich die Lossagung vom Nützlichen. Dadurch etabliert sich die schöne Kunst als eigenständiges Phänomen, welches sich mit der Letztbegründung „weil es schön ist" rechtfertigen lässt. Es wurde also gezeigt, dass Schönheit als Wert ein grundlegendes, den Willen beeinflussendes Element ist, welches den Diskurs um die evolutionäre Ästhetik bestimmt und nicht anders herum.

5.4 Die Grenzen der Wissenschaft

In diesem Kapitel sollen kurz einige Kritiken an den evolutionären Theorien skizziert werden, die sich unter genannter Überschrift eingliedern lassen. Es wurde bereits diskutiert, warum ein Reduktionismus nicht die gewünschten Antworten zur Kunst liefern kann. Empirisch feststellen lässt sich, auf was sich jede Wissenschaft stützen kann, eine genuine Attraktion gegenüber Kunst. Diese Attraktion mag durch verschiedene Ansätze zu einem jeweiligen Grund interpretiert werden, das heißt aber nicht, dass sie dadurch vollständig erklärt werden würde. Martin Seel schreibt in der ersten seiner sieben Thesen über evolutionäre Ästhetik: „Das ästhetische Verhältnis ist ein Weltverhältnis eigener Art, in dem sich - da es *eine* Welt ist, zu der die Menschen unterschiedliche Stellungen ausbilden - auch die anderen Weltverhältnisse vielfältig spiegeln."[67]

---

[65] vgl. Toepfer, Georg: Die geisteswissenschaftliche Inanspruchnahme der Evolutionsbiologie. In: Zeitschrift für kritische Sozialtheorie und Philosphie. 1. H. 1. Seite 40-80

[66] vgl. Hamburger, Käte: Wahrheit und ästhetische Wahrheit.Stuttgart 1979. Seite 52:

„Der für die Kunst gültige Schönheitsbegriffmuß auch an der Idee teilhaben und damit an der Wahrheit. Daß das Schöne sich als das sinnliche Scheinen der Idee bestimmt, beinhaltet, daß es zugleich als das sinnliche Scheinen der Wahrheit bestimmt.".

[67] Seel, Martin: Vom Nutzen und Nachteil der evolutionären Ästhetik. In: Urmensch und Wissenschaften. Kleeberg, Berhard; Walter, Tilman; Crivellari, Fabio (Hg.). Darmstadt 2005. Seite 329f

Indem die evolutionären Wissenschaften das Schöne auf das Nützliche reduzieren, machen sie den Fehler, das interesselose, irreduzible Phänomen Kunst nicht ausreichend deuten zu können. Natürlich ist die Kunst in dem Sinne nützlich, als dass sie unserem ästhetischen Interesse dient. Das ist aber eher eine Nützlichkeit um sich selbst Willen als eine reproduktive Nützlichkeit, wie sie in der Evolution von Vorteil ist. Die Einseitigkeit der evolutionären Theorien schafft es nicht, dem gesamten Phänomen Kunst gerecht zu werden. Während sie nach Ursachen für die Kunstherstellung suchen, versucht die Philosophie die Gründe herauszufinden. Ursache und Grund sind dabei kategorisch unterschiedlich. Während die Ursache klären kann, wozu Kunst hergestellt wurde - und damit auch woher sich unser ästhetisches Empfinden entwickelt hat, klärt der Grund unsere mittlerweile intrinsische Motivation Kunst zu produzieren und befasst sich deshalb auch mit dem „Was", also der Definition von Kunst. Das „Warum" beinhaltet sowohl Ursache als auch Grund und ist deshalb Streitpunkt zwischen den unterschiedlichen Ansätzen.

Die beiden Ansätze Evolution und Idealismus können sich sehr wohl ergänzen, sehen sie von einer ganzheitlichen Reduktion auf ihr jeweiliges Themengebiet ab.

6. Fazit

Der materielle Nihilismus, von dem in der Einleitung die Rede war, hat trotz vielen theoretischen Ansätzen einen schweren Stand, bezieht man sich auf die vielen Kritikpunkte der evolutionären Ästhetik. Nietzsche mag teilweise Recht behalten wenn er schreibt: „Man glaubt je tiefer der Mensch denkt, je zarter er fühlt, je höher er sich schätzt, je weiter seine Entfernung zu den anderen Tieren wird - je mehr er als das Genie unter den Tieren erscheint, - umso näher werde er dem wirklichen Wesen der Welt und deren Erkenntnis kommen: dies tut er auch wirklich durch die Wissenschaft, aber er meint dies noch mehr durch seine Religionen und Künste zu tun. Diese sind zwar eine Blüte der Welt, aber durchaus nicht der Wurzel der Welt näher, als der Stengel ist."[68]. Die Blüte allerdings lässt sich nicht nur durch den Stängel und die Wurzel erklären. Ein Mittelweg zwischen biologischem und metaphysischem Dogmatismus führt wohl am ehesten dazu, das Phänomen Kunst in seiner Ganzheit zu erfas-

---

[68] Nietzsche, Friedrich: Menschliches, Allzumenschliches. Kritische Studienausgabe von Giorgio Colli und Mazzino Montinari. De Gruyter 1999. Seite 49

sen und zu verstehen. Kunst ist mehr als ein evolutionärer Fitnessindikator und die Ästhetik hat sich längst ihrer biologischen Wurzeln enthoben.

Emergenz mag eines dieser Schlagworte sein, welches im zukünftigen Diskurs noch von Wichtigkeit sein wird, da es abseits der Meme-Theorie einen verträglichen Ansatz von evolutionären Wissenschaften und der ideellen Philosophie andeutet.

Definitionen zu erstellen wird weiterhin Sache der Philosophie bleiben, wie es weiterhin Gegenstand der Wissenschaft bleiben wird, wozu die Dinge so sind, wie sie sind. Die Überschneidung, um die auch in Zukunft noch viel gestritten wird, ist die nach der Frage des „Warums" der Kunst. Sie beinhaltet sowohl das „Wozu" als auch das „Was", und sollte als Phänomen in seiner vollständigen Bandbreite behandelt werden. Dazu kann die evolutionäre Ästhetik einen immensen Beitrag leisten. Um es mit Martin Seels Worten zusammenzufassen: „Die Nachteile der evolutionären Ästhetik sind (…) erheblich, so weit sie sich an die Stelle der bisherigen Ästhetik zu ersetzen versucht. Ihr Nutzen dagegen ist groß, wenn sie elementare universale Konfigurationen des ästhetischen Verhaltens sichtbar macht, über die wir noch viel zu wenig wussten."[69].

Was sich beim Definitionsversuch angedeutet hat, wurde bei der Praxis, Kunst in eine Richtung zu bestimmen, offensichtlich: Kunst ist Evolution und Ideal - diesen Rätselcharakter kann keine Reduktion aufheben.

---

[69] Seel, Martin: Vom Nutzen und Nachteil der evolutionären Ästhetik. In: Urmensch und Wissenschaften. Eine Bestandsaufnahme. B.Kleeberg; T.Walter; F. Crivellari (Hg.). Darmstadt 2005. Seite 333

7. Quellen

Aiken, Nancy E.: The biological origins of art. Westport, 1998.

Aristoteles: Metaphysik. Buch 8.6.

Assheuer, Thomas: Kunst ist ein Neuronenfeuer. *Die Zeit* 15.05.2008 Nr. 21.

Boyd, Brian: Literature and evolution: A bio-cultural approach. In: Philosophy and Literature, 29.

Darwin, Charles: Abstammung II. London 1871.

Darwin, Charles: Origin of Species. Fourth British edition 1866.

Dawkins, Richard: Das egoistische Gen. Überarbeitete und erweiterte Neuausgabe. Hamburg 1996.

Deacon, Terrence: The Aesthetic Faculty. In: The Artful Mind: Cognitive Science and the Riddle of Human Creativity. Mark Turner (ed.). Oxford 2006.

Donald, Merlin: Art and Cognitive Evolution. 2006.

Dutton, Denis: The art instinct. New York 2009.

Eibl-Eibesfeldt, Irenäus: Die Biologie des menschlichen Verhaltens. 2. Überarbeitete Auflage 1986.

Greve, Jens; Schnabel, Annette (Hg.): Emergenz. Zur Analyse und Erklärung komplexer Strukturen. Berlin 2011

H. Barkow Jerome; Cosmides, Leda; Tooby, John: The Adapted Mind. Evolutionary Psychology and the Generation of Culture

Hamburger, Käte: Wahrheit und ästhetische Wahrheit.Stuttgart 1979.

Hegel, G.W.F: Werke in zwanzig Bänden. Band 13

Hirn, Yrjö: The origins of art; a psychological & sociological inquiry. London 1900.

Illies, Christian: Die Selbstübersteigung der Natur im Schönen; Zum Beitrag der Evolution für eine allgemeine Ästhetik. In: Natur und Geist: über ihre evolutionäre Verhältnisbestimmung; für Wolfgang Welsch / Christian Tewes. K. Vieweg (Hg.). Berlin 2011.

Jonas, Hans: Organismus und Freiheit. Göttingen 2011.

Menninghaus, Winfried: Wozu Kunst? Erste Auflage Berlin 2011.

Kant, Immanuel: Kritik der Urteilskraft. Philipp Reclam jun. (Hg.). Stuttgart 1963.

Nadal, Marcos; Gomez-Puerto, Gerardo: Evolutionary approaches to art and aesthetics. In: The Cambridge Handbook of the psychology of aesthetics and the arts. Tinio, Pablo P- L; Smith, Jeffrey K (Hg.). Cambridge 2014.

Odling-Smee, F. John u.a: Niche Construction. 2003.

Pinker, Steven: Art and Adaption. In: Evolution, Literature and Film: A Reader. Boyd, Brian; Carroll, Joseph; Gottschall, Jonathan (Hg.). New York 2010.

Reichholf, Josef H.: Der Ursprung der Schönheit. München 2011.

Richter, Klaus: Die Herkunft des Schönen. Mainz 1999.

Rose, Hilary: Die Evolutionäre Psychologie, der Sozialdarwinismus und das Standardmodell der Sozialwissenschaften. Forum kritische Psychologie, 45. 2012.

Schiller, Friedrich: Die Horen, Stück 11. Tübingen 1797.

Sedlacek, Klaus-Dieter. Emergenz: Strukturen der Selbstorganisation in Natur und Technik. 2013.

Seel, Martin: Vom Nutzen und Nachteil der evolutionären Ästhetik. In: Urmensch und Wissenschaften. Eine Bestandsaufnahme. B.Kleeberg; T.Walter; F. Crivellari (Hg.). Darmstadt 2005.

Seeley, William P.: Philosophy of art and empirical aesthetics: resistance and rapprochement. In: The Cambridge Handbook of the psychology of aesthetics and the arts. Tinio, Pablo P-L; Smith, Jeffrey K (Hg.). Cambridge 2014.

Seitelberger Franz. Neurobiologische Grundlagen der menschlichen Freiheit. In: Mensch und Kosmos. Böhme, Wolfgang (Hg.). Karlsruhe 1981.

Singh, David: Adaptive significance of female physical attractiveness: Role of waist-to-hip ratio. In: Journal of Personality and Social Psychology, 65. 1993.

Sulzer, Johann Georg: Allgemeine Theorie der Schönen Künste. Leipzig 1774.

Tewes, Christian: Die Konstitution ästhetischer Erfahrung aus der Perspektive der Neuroästhetik. Jena 2012.

Thompson, Evan: Sensomotorische Subjektivität und die Annäherung an Erfahrung. In: C. Tewes, K. Vieweg (Hg.).

Thornhill, Randy: Darwinian aesthetics informs traditional aesthetics. In: Evolutionary Aesthetics. Voland, Eckart; Grammer, Karl (Ed.). Heidelberg 2003.

Toepfer, Georg: Die geisteswissenschaftliche Inanspruchnahme der Evolutionsbiologie. In: Zeitschrift für kritische Sozialtheorie und Philosophie. 1. H. 1.

Wandschneider, Dieter: Das Geistige und das Sinnliche in der Kunst. Würzburg 2005.

Welsch, Ulrich: Der animalische Ursprung der Ästhetik in: Darwin, Die Abstammung des Menschen und die geschlechtliche Zuchtwahl, Stuttgart, Bd. II.

BEI GRIN MACHT SICH IHR WISSEN BEZAHLT

- Wir veröffentlichen Ihre Hausarbeit, Bachelor- und Masterarbeit

- Ihr eigenes eBook und Buch - weltweit in allen wichtigen Shops

- Verdienen Sie an jedem Verkauf

Jetzt bei www.GRIN.com hochladen und kostenlos publizieren